AF269357

Macarena Hernández-Gil

APULEYO EDICIONES   FOMENTO DE VALORES   CUENTOS ILUSTRADOS

OCHO, UN NIÑO DIFERENTE

APULEYO EDICIONES   FOMENTO DE VALORES   CUENTOS ILUSTRADOS

Había una vez, en un lugar muy muy lejano, un pueblito llamado Alocén. Este pueblito era peculiar porque estaba construido junto a un lago, el Lago de Plata como lo llamaban los visitantes, pues al caer el sol, sus aguas brillaban como si estuvieran hechas de ese metal.

Cerca de este pueblo mágico, en una pequeña casita de campo, rodeada de árboles, vivían Antonio y María, dos agricultores de la zona que dedicaban su vida a trabajar en el campo.

Antonio y María vivían solos hasta que llegó a sus oídos que una camada de cachorros de border collie había perdido a su madre. Eran muchos y necesitaban adopción. Al escuchar esa triste historia, no lo dudaron; adoptarían a uno de esos cachorros y los tres serían una familia.

Todos los cachorros eran muy bonitos, todos eran bancos y negros, menos uno, que era de un color gris diferente a todos los demás. Este fue el elegido, era definitivamente, un ejemplar único de border collie.

—Se llamará Ocho —dijo ella, mirando al cachorro con ternura.

—¡Me gusta! —añadió Antonio, confirmando el nombre con una sonrisa.

Pronto se dieron cuenta de que Ocho no era un perro común. Le encantaba pasar las horas jugando con los niños del pueblo, que lo veían como a un niño más.

Ocho era muy especial. Realmente era un niño que, al venir a este mundo, se había perdido y había nacido en el cuerpo de aquel cachorro gris, en vez de nacer en el cuerpo de un humano. Por eso, su alma era la de un niño, no la de un perro común.

Antonio y María comprendieron que Ocho no podía vivir atado porque era tan sensible como un niño. Le encantaba correr suelto por el campo y por la plaza del pueblo, y así lo criaron: con amor, respeto y libertad, enseñándole a cuidar y a ser bueno con todos.

En aquel pueblo mandaba un alcalde al que no le gustaban los perros y siempre se enfadaba mucho cuando veía a Ocho correr suelto por la plaza.

—Si veo a ese perro suelto una vez más, llamaré a la policía para que se lo lleve a la perrera —amenazaba cada vez que veía a Ocho corriendo en libertad.

El alcalde tenía un hijo, Pepín. Era un niño callado y solitario. Los demás niños del pueblo nunca jugaban con él, quizás, porque pensaban que sentía ese mismo rechazo por los perros; más aún por Ocho.

Un día, Ocho le llevó una pelota, invitándolo a jugar. Le gustaba que todos los niños jugasen con él y que ninguno se quedase solo.

Gracias a Ocho, los demás niños empezaron a incluirlo en sus juegos.

Sin embargo, aunque Ocho hubiera conseguido que Pepín tuviese más amigos, el alcalde no cambió de opinión. Todo lo contrario; pensó que era un peligro para su hijo.

Un día, mientras Ocho jugaba en la plaza, libre, junto a Pepín y los demás niños, llamó a la policía y ordenó que se lo llevaran.

La policía llamó a sus dueños y les advirtió que, si volvían a ver a Ocho correr libre, se lo quitarían y lo llevarían a la perrera, para siempre. Las leyes obligaban a los perros a ir siempre atados y ellos, sin lugar a dudas, harían que se cumplieran las leyes que el alcalde proponía.

—Pero Ocho no es un perro normal; él es un niño. Un niño como cualquier otro; es nuestro hijo —dijo María, llorando.

—María, debemos atar a Ocho, no nos podemos arriesgar a perderlo —respondió Antonio con tristeza.

Tras el aviso de la policía, la vida de Ocho cambió.

Aquel perro alegre y lleno de vida, que antes corría libremente por las calles y los campos, ahora pasaba sus días atado a una correa.

Ocho caminaba por el pueblo, pero ya no era el mismo, sus ojos ya no brillaban. Estaba triste y los niños del pueblo, también.

—¿Puede venir Ocho a jugar con nosotros? —preguntó una niña a María mientras lo paseaba con la correa.

—Ocho no puede estar suelto. Son las leyes de los animales —contestó su dueña.

—¡Pero él es un niño más! —dijo la niña sin entender por qué no podía jugar con ellos.

Ocho se subió a su regazo y se dejó acariciar cariñosamente.

—Las reglas son las reglas… —respondió María con tristeza.

Un día, Antonio y María tuvieron que salir de casa y no podían llevar a Ocho.

Para asegurarse de que no pudiera escaparse, dejaron a Ocho encerrado en una caseta con cuatro vallas de alambre a su alrededor.

Ocho se sentó pacientemente, mirando la puerta, esperando a que sus dueños regresaran.

Pasaron las horas y Ocho seguía esperando; de pronto escuchó una voz que venía del lago:

—¡Ayuda, ayuda, me ahogo! —resonaba en el aire.

Ocho, con sus orejas alerta, reconoció de inmediato la voz.

¡¡¡Era Pepín y estaba en peligro!!!

AYUDA
AYUDA
AYUDA

Ocho sabía que no debía escapar. Si la policía lo volvía a ver suelto, se lo llevarían de ahí para siempre y sus dueños quedarían destrozados, pero la vida de un niño estaba en peligro. Pepín era su amigo y lo necesitaba.

Con un gran salto, Ocho superó la verja y corrió como nunca antes lo había hecho. En pocos segundos, llegó a la orilla del pantano, donde vio a Pepín, que se estaba ahogando.

Sin dudarlo ni un segundo, Ocho se lanzó al agua. Nadó hacia Pepín y, con delicadeza, agarró la capucha de su sudadera con sus dientes.

Con mucho esfuerzo, Ocho remolcó a Pepín hacia la orilla, salvándolo.

Cuando la policía vio a Ocho suelto, siguió las órdenes del alcalde e inmediatamente, lo cogió y lo metió en su furgoneta.

—¡No se lo lleven! ¡Me ha salvado la vida! ¡Es mi amigo! —gritó Pepín.

—Eso cuéntaselo al alcalde —contestó uno de esos policías llevándose al perro.

Pepín fue corriendo a contarle al alcalde, su padre, lo que había pasado.

El alcalde, al enterarse de que su hijo había estado a punto de ahogarse y que el perro Ocho lo había salvado, sintió un gran alivio y un poco de remordimientos por cómo se había comportado con Ocho.

—Papá, ¡hay que hacer algo! ¡La policía se lo ha llevado! —dijo Pepín.

—Tienes razón, hijo. Si es verdad que Ocho te ha salvado, le debo una —dijo el alcalde, abrazando a su hijo.

Padre e hijo subieron al coche y pusieron rumbo a la comisaría. Al llegar, pidieron a los policías que les dejasen ver a Ocho, que se encontraba apresado en la perrera.

—Gracias por salvar a mi hijo, pequeño amigo —dijo el alcalde con los ojos llenos de lágrimas—. Comisario, tiene que liberar a este perro.

—Lo siento, señor alcalde. Este perro ha incumplido las leyes del pueblo. Sus dueños fueron advertidos. ¿Recuerda? Usted mismo fue quien escribió esas leyes y eran muy claras: "todos aquellos perros que vayan sueltos dentro de los límites del territorio serán encerrados para siempre" —afirmó el jefe de policía.

—Pues ahora digo lo contrario. Este perro es un héroe y no merece estar atado y mucho menos encerrado —contestó el alcalde.

—Son las leyes, si no le gustan, cámbielas —sentenció el policía.

—Lo siento, Ocho…, yo hice esa ley y ahora no puedo cambiarla —dijo el alcalde, sintiéndose culpable.

—Papá, tiene que haber algo que podamos hacer —rogó Pepín a su padre.

—Hay algo que podemos hacer para cambiar la ley, pero no será fácil. Si logramos que todo el pueblo firme una petición para cambiar la ley, conseguiremos salvar a Ocho —aseguró el padre de Pepín.

—Lo conseguiremos. Tenemos que hacerlo por Ocho, él es uno más —dijo con fe Pepín.

El alcalde y su hijo se pusieron manos a la obra. Primero llamaron a los dueños de Ocho y le explicaron la situación. Estaban dispuestos a mover cielo y tierra para salvar a Ocho. Los niños del pueblo al enterarse quisieron ayudar también a su amigo y fueron de puerta en puerta recaudando firmas. En menos de un día ya tenían todas las firmas que necesitaban.

—¡Lo hemos conseguido! —gritaron con felicidad todos tras comprobar que tenían todas las firmas necesarias.

El alcalde finalmente pudo cambiar la ley y Ocho quedó en libertad.

Ocho no era un simple perro, era un perro de rescate y los perros como él podrían ir siempre sueltos.

En el pueblo se celebró una gran fiesta en la plaza en su honor, a la que acudieron todos los niños de la zona. Ocho estaba muy feliz, pues jugar con los otros niños libremente era lo que más le gustaba.

Para conmemorar ese día tan especial, en la plaza del pueblo se inauguró una estatua del border collie, que era visitada todos los años por miles de turistas que habían escuchado la noticia.

Ocho nunca más fue tratado como un perro cualquiera; desde entonces, y gracias a su heroísmo, consiguió que lo tratasen como a él le gustaba, como a un niño más.

OCHO

Carta al lector:

Este cuento está basado en una historia de verdad. Alocén es un pueblo que existe, pero, por desgracia, el final de este cuento todavía no se ha hecho realidad.

Soy Maria, la dueña de Ocho, y necesitamos recaudar firmas para que en nuestro pueblo permitan a Ocho estar en libertad, porque las leyes dicen que tiene que ir atado y él es un niño más. Manda tu carta de petición con tu firma a la siguiente dirección: Carretera de Alocén a Durón GU999 km 3, camino privado, finca Wonderland, 19133 Guadalajara.

© Macarena Hernández -Gil Monedero (de la obra)

©Apuleyo Ediciones (de esta edición)

Primera edición en Apuleyo Ediciones: noviembre 2024

Diseño de cubierta: Sofía Corzo González

Corrección: Aitor Andreu Guerrero

Maquetación: Alejandro Bermejo Cercas

Ilustraciones: Nacho Bre

Coordinación editorial: Isidoro Cidre González

info@apuleyoediciones.com

www.apuleyoediciones.com

ISBN: 978-84-1060-224-3

Depósito legal: H 197-2024

Hecho e impreso en España.

OCHO, UN NIÑO DIFERENTE

APULEYO EDICIONES   FOMENTO DE VALORES   CUENTOS ILUSTRADOS

Macarena Hernández-Gil

APULEYO EDICIONES   FOMENTO DE VALORES   CUENTOS ILUSTRADOS